Frederik Wendisch

Das deutsche IPR des Seetransports

GRIN Verlag

Bibliografische Information der Deutschen Nationalbibliothek:

Die Deutsche Bibliothek verzeichnet diese Publikation in der Deutschen National-
bibliografie; detaillierte bibliografische Daten sind im Internet über http://dnb.d-
nb.de/ abrufbar.

Impressum:

Copyright © 2006 GRIN Verlag GmbH
Druck und Bindung: Books on Demand GmbH, Norderstedt Germany
ISBN: 978-3-638-92244-9

Dieses Buch bei GRIN:

http://www.grin.com/de/e-book/66462/das-deutsche-ipr-des-seetransports

GRIN - Your knowledge has value

Der GRIN Verlag publiziert seit 1998 wissenschaftliche Arbeiten von Studenten, Hochschullehrern und anderen Akademikern als eBook und gedrucktes Buch. Die Verlagswebsite www.grin.com ist die ideale Plattform zur Veröffentlichung von Hausarbeiten, Abschlussarbeiten, wissenschaftlichen Aufsätzen, Dissertationen und Fachbüchern.

Besuchen Sie uns im Internet:

http://www.grin.com/

http://www.facebook.com/grincom

http://www.twitter.com/grin_com

Universität Lüneburg

International Business Law

Das deutsche IPR des Seetransports

Referat / Ausarbeitung

Von

Frederik Wendisch

Abgabd 2006

Universität Lüneburg
International Business Law

Das deutsche IPR des Seetransports

Abkürzungsverzeichnis

I Historische Entwicklung des Seehandelsrechts

Das Seehandelsrecht ist im fünften Buch des HGB geregelt. Im vierten Abschnitt des fünften Buches befinden sich die Vorschriften über die Frachtgeschäfte zur Beförderung von Gütern. Das Seehandelsrecht in der heutigen Fassung ist durch Integration folgender internationaler Abkommen in das HGB weiterentwickelt worden:

1. Die Haager Regeln

Bei den Haager Regeln handelt es sich um das Abkommen zur Vereinheitlichung von Regeln über Konnossemente vom 25.08.1924. Diese wurden von Deutschland ratifiziert und 1937 in das HGB eingearbeitet.

2. Die Visby – Rules

Die Haager Regeln stießen jedoch auf Kritik, so dass Änderungen an ihnen vorgenommen wurden. Diese Änderungen wurden am 23.02.1968 als Änderungsprotokoll zu den Haager Regeln manifestiert. Dieses Protokoll wird als Visby – Rules bezeichnet. Die Bundesrepublik Deutschland hat bis heute von einer Ratifikation dieser abgesehen, sie aber sehr wohl durch das Seerechts – änderungsgesetz von 1986 in das HGB eingearbeitet.

3. Die Hamburg – Rules

Im Jahre 1971 lebte erneut Kritik an den Haager Regeln auf. Am letzten Tag der in Hamburg stattfindenden diplomatischen Konferenz der Vereinten Nationen über die Güterbeförderung zur See, dem 31.03.1978, wurden die Hamburg –Rules verabschiedet. Die Bundesrepublik hat bis heute sowohl von einer Ratifikation, als auch einer Einarbeitung in nationales Recht abgesehen.

II Der Seefrachtvertrag

Grundlage des Seetransports ist der Seefrachtvertrag. In § 556 HGB sind die Arten des Seefrachtvertrages geregelt. Demnach kann er sich auf das Schiff im Ganzen, einen verhältnismäßigen Teil, einen bestimmt bezeichneten Raum (Nr.1), oder auf einzelne Güter, sog. Stückgüter beziehen (Nr.2). Das deutsche Recht enthält jedoch keine Legaldefinition des Seefrachtvertrages. Somit kann der § 407 HGB über den Frachtvertrag zur Beförderung von Gütern zu Lande, auf Binnengewässern oder mit Luftfahrzeugen herangezogen werden. Aus § 407 I

HGB ergibt sich die Pflicht des Frachtführers das Gut zum Bestimmungsort zu befördern und dort an den Empfänger abzuliefern. Gem. § 407 II HGB ist der Absender verpflichtet die vereinbarte Fracht zu zahlen. Die Fracht ist das Entgelt für den Transport der Güter.

Im Seefrachtgeschäft wird der Frachtführer jedoch als Verfrachter und der Absender als Befrachter bezeichnet. Der Gegensatz zum Frachtvertrag besteht lediglich darin, dass der Verfrachter die Beförderung über eine Seestrecke übernimmt[1]. Eine gleich lautende Definition ist z.b. auch in Art.15 S. 1 des französischen Seefrachtgesetzes zu finden[2].

1. Exkurs: Die Personengruppen des Seefrachtgeschäftes

Verfrachter: Verfrachter ist, wer sich mit dem Beförderungsvertrag zur Beförderung verpflichtet[3].

Befrachter (shipper): Der Befrachter ist die Gegenpartie des Verfrachters, im gesetzl. Normalfall der tatsächliche Absender. In der Praxis des Überseekaufs ist beim C.I.F. – Vertrag der Verkäufer Befrachter, beim F.O.B. – Vertrag aber der Käufer[4].

Empfänger (consignee): Der Empfänger ist das Ziel der Beförderung[5].

Ablader: Ablader ist, wer dem Verfrachter die Ladung anliefert[6]. Das Abladen ist Aufgabe des Befrachters[7].

Notify Address: die Notify Address ist eine Stelle im Bestimmungshafen, der die Ankunft der Ladung mitzuteilen ist, z.B. der Empfänger selbst, ein Seehafenspediteur, ein Agent oder die kreditierende Bank[8].

2. Anwendung von Seefrachtrecht bei See – und Binnengewässertransport

Gem. § 450 HGB ist bei Beförderung der Güter auf See – und Binnengewässern ohne Umladung Seefrachtrecht auf den Vertrag anzuwenden, wenn ein Konnossement ausgestellt ist (Nr.1), oder die auf Seegewässern zurückzulegende strecke die Größere ist (Nr.2). Maßgeblich ist hier die Länge der Strecke und nicht die Zeitdauer[9].

---

[1] Vgl. Schmidt – HR, S. 939.
[2] Vgl. MüKo – Puttfarken, SeeR, Rn. 16.
[3] Vgl. Ebenda, SeeR, Rn. 17.
[4] Vgl. Puttfarken – SeeHR, Rn. 23.
[5] Vgl. MüKo – Puttfarken, SeeR, Rn. 19.
[6] Vgl. Ebenda, SeeR, Rn. 20.
[7] Vgl. BGHZ 109, 345 – 354.
[8] Vgl. Puttfarken – SeeHR, Rn. 119.
[9] Vgl. Koller – TransportR, § 450, Rn. 6.

3. Multimodaler Transport

Gem. § 452 I 1 HGB sind die §§ 407 ff HGB auch anwendbar, wenn der Transport mit verschiedenartigen Transportmitteln durchgeführt wird und für jede Teilstrecke bei gesondertem Vertragsabschluss mind. zwei dieser Teilstrecken verschiedenen Rechtsnormen unterworfen wären. Nach S. 2 gilt dies auch, wenn eine Teilstrecke zur See durchgeführt wurde. Somit hat der Gesetzgeber die Beförderung über See zum größten Teil dem Landfrachtrecht unterstellt, beispielsweise einem Containertransport über See, dem ein Landtransport voraus ging[10]. Im § 452 HGB ist von Beförderungsmitteln die Rede, also allen Mitteln zur Ortsveränderung, so dass Kräne, Laufbänder etc. ebenso umfasst sind[11].

4. Weitere Sondernormen

Weitere Spezialgesetze könne im Seetransport Anwendung finden. So ist gem. Art. 2 S. 1 CMR (Übereinkommen über die Beförderung im intern. Straßengüterverkehr) das Übereinkommen anzuwenden, wenn das mit dem Gut beladene Fahrzeug ohne Umladung auch über See transportiert wird. Diese Norm findet beispielsweise bei der Beförderung des LKW auf einer Fähre über See Anwendung.

Für alle Normen außerhalb des Seefrachtrechts sei jedoch angemerkt, dass das Seefrachtrecht lex specialis bleibt!

5. Dispositives und zwingendes Recht

Grds. besteht auch im Seehandelsrecht die Privatautonomie der freien Rechtswahl des Art. 27 I 1 EGBGB. Dieser können jedoch zwingendes Einheitsrecht bzw. zwingendes nationales Recht entgegenstehen[12]. Das Einheitsrecht in Form der Übereinkommen von Haag, Visby und Hamburg geht dem Kollisionsrecht vor.

III Das Konnossement (Bill of Lading)

Dem Konnossement kommt im Seetransportrecht eine essentielle Bedeutung zu. Diese wird unterstrichen, da das Konnossement gem. § 656 I HGB maßgebend für das Rechtsverhältnis zwischen Verfrachter und Empfänger ist. Für das

---

[10] Vgl. Rabe – SeeHR, Einl., Rn. 16.
[11] Vgl. Ebenda, § 452, Rn. 12.
[12] Vgl. Reithmann/Martiny – van Dieken, Rn. 1228.

Rechtsverhältnis zwischen dem Verfrachter und dem Befrachter bleibt gem. § 656 IV HGB allerdings der Frachtvertrag maßgeblich.

Das Konnossement ist ein Wertpapier, welches einen Auslieferungsanspruch des legitimierten Inhabers darstellt[13]. Insoweit ist es auch handelbar.

Ein Konnossement ist dem Ablader vom Verfrachter unverzüglich auszustellen, sobald er die Güter an Bord genommen hat (§ 642 I HGB).

Im § 463 HGB ist geregelt, welche Inhalte das Konnossement haben sollte. Diese Vorschrift ist jedoch nicht zwingend[14].

1. Abgrenzung zum Seefrachtbrief (Sea Way Bill)

Der Seefrachtbrief ist gesetzl. nicht geregelt, hat aber enorme praktische Bedeutung. Er findet überwiegend auf See – Kurzstrecken Anwendung. Bei Beförderungszeiten von wenigen Tagen wäre bei Ausstellung eines postbeförderten Konnossements die Ladung vor ihm im Zielhafen, so dass nicht ausgeliefert werden könnte. Die Lösung dieses Problems ist der Seefrachtbrief. Er kann formlos, z.B. per E – Mail an den Empfänger gesandt werden und muss lediglich die betreffende Ladung und ihren Empfänger hinreichend identifizieren um eine Auslieferung der Ware zu erwirken[15].Der Seefrachtbrief ist im Gegensatz zum Konnossement nicht handelbar (Non – Negotiable Sea Way Bill) und wird auch als ''Short Term Bill of Lading'' oder ''Express Bill of Lading'' bezeichnet[16].

2. Der Letter of Indemnity (LOI)

Auch von praktischer Bedeutung ist der LOI. Er stellt ein Schadloshaltungsversprechen des Befrachters ggü. Dem Verfrachter dar. So befreit der Befrachter den Verfrachter von Ansprüchen, welche daraus entstehen, dass der Verfrachter auf Wunsch des Befrachters bzw. Empfängers falsche Angaben im BL macht. Dies kommt z.B. in Frage, wenn der Empfänger die Waren über einen Letter of Credit (LOC) finanziert hat und dieser für eine Verschiffung an einem bestimmten Datum ausgestellt ist, das Schiff jedoch mit fünf Tagen Verspätung abreist. Der LOC wäre somit gegenstandslos. So stellt der

---

[13] Vgl. Rabe – SeeHR, § 643,Rn. 2.
[14] Vgl. Ebenda, § 643, Rn. 1.
[15] Vgl. Puttfarken – SeeHR, Rn. 127.
[16] Vgl. Reithmann/Martiny – van Dieken, Rn. 1225.

Verfrachter ein Konnossement mit Verschiffungsdatum in Übereinstimmung mit dem LOC aus und wird für Ansprüche hieraus durch den LOI schadlos gehalten. Nichtsdestotrotz bleibt es Dokumentarfälschung seitens des Verfrachters.

IV Die Haftung

Im Folgenden möchte ich die wichtigsten Normen bezüglich der Haftung des Verfrachters, sowie des Befrachters darstellen.

1. Haftung des Verfrachters

A. Haftung für See – und Ladungstüchtigkeit

Der Verfrachter haftet den Ladungsbeteiligten gem. § 559 I HGB für Schäden, die aus mangelnder See – und Ladungstüchtigkeit entstehen, welche in Abs. 1 definiert ist. Diese Haftung tritt nach § 559 II HGB jedoch nicht ein, wenn der Mangel bei Anwendung der Sorgfalt eines ordentlichen Verfrachters bis zum Antritt der Reise nicht zu entdecken war.

B. Haftung für Verschulden

Weiterhin haftet er gem. § 606 S. 2 für Beschädigung oder Verlust der Güter zwischen Annahme und Ablieferung, sofern der Schaden nicht auf Umständen beruht, die durch die Sorgfalt eines ordentlichen Verfrachters nicht hätten abgewendet werden können. Diese Sorgfalt ist nach S. 1 beim Einladen, Stauen, Befördern, Behandeln und Ausladen der Güter zu befolgen. Dies stellt eine Konkretisierung des § 276 BGB dar. Es ist ein objektiver Maßstab anzulegen und nicht auf die individuellen Umstände des Verfrachters abzustellen[17].

C. Haftung für Gehilfen

Gem. § 607 HGB hat der Verfrachter ein Verschulden seiner Gehilfen, außer in den in Abs. 2 angeführten Fällen, wie eigenes Verschulden zu vertreten. Die Fälle des Abs. 2 schließen nautisches Verschulden aus. Der Verfrachter riskiert bei nautischen Fehlern schon Schäden an dem ihm gehörenden Schiff bzw. dem von ihm gecharterten Schiff und soll nicht auch noch den Ladungsbeteiligten zum Schadensersatz verpflichtet sein[18].

---

[17] Vgl. Rabe – SeeHR, § 606, Rn. 3.
[18] Vgl. Schmidt – HR, S. 944.

D. Haftungsbefreiungen – und beschränkungen

Nach § 607 a HGB gelten alle Haftungsbefreiungen – und beschränkungen für Ansprüche, gleichgültig aus welchem Rechtsgrund sie auch bestehen. Somit sind z.b. auch Ansprüche aus Delikt der §§ 823 ff BGB erfasst.

E. Ausschluss der Haftung

Der § 608 I HGB sieht vor, in welchen Fällen der Verfrachter für entstandene Schäden nicht zu haften hat. Die aufgeführten Fälle betreffen alle Zufälle, die mit dem Betrieb und den Gefahren der Seefahrt zusammenhängen[19]. Das Nichtverschulden des Verfrachters wird in Abs. 2 vermutet, kann aber nach Abs. 3 durch Gegenbeweis eines Ladungsbeteiligten widerlegt werden.

F. Umfang des Wertersatzes

Tritt ein Schaden durch o.g. Gründe ein, ist die Höhe des Wertersatzes nach den §§ 658 HGB (für Verlust) und 659 HGB (für Beschädigung) zu ermitteln. In beiden Normen wird auf den gemeinen Handelswert abgestellt. Dieser ist als Marktpreis bei gängigen Gütern zu verstehen[20].

G. Anzeigepflicht

Nach § 611 I 1 HGB ist dem Verfrachter ein Schaden spätestens bei Auslieferung der Güter schriftlich anzuzeigen. Ist der Schaden äußerlich nicht erkennbar, so muss nach S. 2 die Anzeige innerhalb von drei Tagen nach diesem Zeitpunkt abgesandt werden. Bei säumiger Anzeige tritt jedoch kein Rechtsverlust ein, sondern nur eine Umkehr der Beweislast[21].

H. Ausschlussfrist

Gem. § 612 II HGB verjähren Ansprüche aus Frachtverträgen und Konnossementen ein Jahr nach Auslieferung der Güter oder nach dem Zeitpunkt, an dem sie hätten ausgeliefert werden müssen. Dieser Frist kommt besonders bei Anonymität des Verfrachters eine hohe Bedeutung zu (dazu s.u. unter IV 3.).

I. Haftungshöchstbetrag

Im § 660 I HGB ergibt sich ein Haftungshöchstbetrag eines konkret zu ermittelnden Betrages pro Stück bzw. pro Kg Rohgewicht, sofern Art und Wert der Güter nicht im Konnossement angegeben sind. Der Abs. 2 S. 1 besagt, dass

---

[19] Vgl. Rabe – SeeHR, § 608, Rn. 2.
[20] Vgl. Ebenda, § 658, Rn. 9.
[21] Vgl. Ebenda, § 611, Rn. 1.

jedes im BL aufgeführte Stück als Stück i.S.d. Abs. 1 zählt. Weiterhin gilt nach Abs. 2 S. 3 das Gerät als Stück, sofern das Konnossement keine anderen Angaben enthält. So können sich erhebliche Differenzen im Haftungsbetrag ergeben, wenn das BL nicht die in § 643 HGB aufgeführten Inhalte vorweist.

J. Skripturhaftung

Nach § 656 II 1 HGB wird vermutet, dass der Verfrachter die Güter wie im Konnossement angegeben übernommen hat. Nach S. 2 ist ein gegenteiliger Beweis einem gutgläubigen Dritten ggü. nicht zulässig. Diese Vermutung wird als Skripturhaftung bezeichnet[22].

K. Zwingendes Recht

Alle unter IV 1. A. – J. aufgeführten Bestimmungen dürfen nach § 662 I 1 HGB durch Rechtsgeschäft im Voraus nicht ausgeschlossen oder beschränkt werden. Diese Norm spiegelt die eingearbeiteten internationalen Übereinkommen wieder.

L. Anwendbarkeit des § 662 HGB

Inwieweit der § 662 HGB zwingend anzuwenden ist, wird durch den Art. 6 EGHGB bestimmt. So findet er nach Art. 6 EGHGB zwingend Anwendung auf Konnossemente, die sich auf die Beförderung von Gütern zwischen Häfen in zwei verschiedenen Ländern oder zwei innerdeutschen Häfen beziehen, sofern das Konnossement:

- in einem Vertragsstaat der Visby – Rules ausgestellt ist (Abs. 1 S. 1 Nr.1)
- vorsieht, dass der Vertrag den Bestimmungen der Visby – Rules unterliegen soll (Abs. 1 S. 1 Nr.2)
- in einem anderen Staat als einem Vertragsstaat der Visby – Rules ausgestellt ist, sich aber auf die Beförderung von oder nach einem Hafen in einem Vertragsstaat oder der Bundesrepublik bezieht (Abs. 1 S. 2)
- in einem Staat ausgestellt ist, welcher Vertragsstaat der Haager Regeln, nicht aber der Visby – Rules ist, mit der Maßgabe, dass die §§ 612 II und 660 I HGB außer Betracht bleiben. Dies gilt nach S. 2 jedoch nicht, wenn das Konnossement ein Schiff betrifft, welches die Flagge der BRD führt.

Der Art. 6 EGHGB gibt somit den international zwingenden Anwendungsbereich des Art. 10 der Visby – Rules wieder[23].

---

[22] Vgl. Schmidt – HR, S. 941.
[23] Vgl. Klingsporn, SeefrachtR, NJW 1987, 3042 (3043).

2. Haftung des Befrachters

A. Haftung für Mengenangaben und Merkzeichen

Nach § 563 HGB haftet der Befrachter für entstandene Schäden aus unrichtigen Angaben über die Beschreibung und Merkzeichen der Güter. Diese Norm ist im Einklang mit den Haager Regeln geschaffen, weicht jedoch von ihnen ab, da den Befrachter oder Ablader eine Garantiehaftung trifft, während die Haager Regeln nur eine Verschuldenshaftung kennen[24].

B. Haftung für Beschaffenheitsangaben

Ebenso trifft den Befrachter eine Haftung für unrichtige Angaben über Art und Beschaffenheit der Güter nach § 564 I HGB. Die Richtigkeit der Angaben ist von enormer Bedeutung für die Verträglichkeit des Zusammenstauens mit anderen Gütern[25].

C. Haftung für Gefahrgut

Nach § 564 b HGB haften der Befrachter und der Ablader für unterlassene Deklarierung von Gefahrgut. Eine solche kann erhebliche Folgen für die gesamte Schiffssicherheit haben. Es handelt sich um eine Haftung ohne Verschulden[26]. Demnach wird auch ein Befrachter haftbar gehalten, der durch Nichtwissen des Gefahrenstatus Güter transportieren lässt. So wird z.B. nicht jedem unspezialisierten Händler bewusst sein, dass beispielsweise Tischtennisbälle (da Gas enthalten) oder Teile des PKW (Säure in der Batterie; Airbag ist explosiv) Gefahrgut darstellen. Zu beachten sind die Gefahrgut – Vorschriften der International Maritime Organization (IMO).

3. Haftung des Reeders

Ist die Person des Verfrachters nicht bekannt, so gilt nach § 644 S. 1 HGB der Reeder als Verfrachter (sog. Identity of the Carrier). Weiterhin haftet der Reeder nach S. 2 für Schäden, die aus unrichtiger Angabe des Verfrachters entstehen. Bei dieser Doppelhaftung handelt es sich um eine Schutznorm für den geschädigten, da er sowohl Reeder, als auch Verfrachter verklagen kann[27]. Dies ist enorm wichtig, da andernfalls die Verjährung des § 612 HGB bei langwieriger Ermittlung des Verfrachters eintreten könnte.

---

[24] Vgl. Rabe – SeeHR, § 563, Rn. 1.
[25] Vgl. Ebenda, § 564, Rn.2
[26] Vgl. Ebenda, § 564 b, Rn. 1.
[27] Vgl. Schmidt – HR, S. 942.

Literaturverzeichnis

Klingsporn, Burkhard

Zum international zwingenden
Anwendungsbereich des neuen
Deutschen Seefrachtrechts,
NJW 1987, Heft 48, S. 3042 – 3045
[SeefrachtR].

Koller, Ingo

Transportrecht, 5. Aufl. 2003
[TransportR].

Münchener Kommentar zum
Handelsgesetzbuch

Band 7 a (Aktualisierungsband zum
Transportrecht), 1. Aufl. 2000
[MüKo].

Puttfarken, Hans – Jürgen

Seehandelsrecht, 1. Aufl. 1997
[SeeHR].

Rabe, Dieter

Seehandelsrecht, Kommentar
4. Aufl. 2000
[SeeHR].

Reithmann, Christoph;
Martiny, Dieter

Internationales Vertragsrecht,
6. Aufl. 2004
[VertragsR]
[zit. Van Dieken, Frerich].

Schmidt, Karsten

Handelsrecht, 4. Aufl. 1994
[HR].

Autor: Frederik Wendisch